真朋十句

言有盡心卻真

羅乃萱

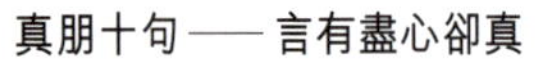

真朋十句——言有盡心卻真

作者／羅乃萱
策劃編輯／伍詠慈
美術設計／鄺穎殷
助理設計／陳詩韻　黃家賢　何小玲
書名題字／羅乃萱
出版發行／突破出版社
香港沙田亞公角山路33號突破青年村
電話：2632 0000　傳真：2632 0388
電郵：breakthrough@breakthrough.org.hk
網址：http://www.breakthrough.org.hk
http://www.btproduct.com
承印／陽光（彩美）印刷有限公司
2017年7月初版1刷

True Words To Best Friend
by Shirley Loo
First Printing, First Edition, July 2017

Printed in Hong Kong
ISBN 978-988-8392-31-5

誠邀閣下就突破出版社的書籍發表意見

歡迎加入突破書籍 Facebook page — http://www.facebook.com/btbooks.page

本書採用環保油墨印刷

送給：

日期：

心　靈　地　圖

獻詞

有些說話，很想對你說，但不敢說。

有些忠告，很想跟你講，但怕你不聽。

有些感覺，很想讓你明白，但又怕說不清。

有些鼓勵，很想說出口，但又覺難以啟齒。

有些安慰，很想當面道明，但又怕不合時宜

……

有否發覺，朋友之間，有時隔了一道溝。很難言說，更不知如何跨越。

這本《真朋十句》的稿子，取自我在臉書上的「十訣」。發覺 po 文後，不少人對號入座，或將之對號送給好友。

當中的文章，有時正好成為一道橋，將朋友之間那微妙的，想說不敢說的話，寫了出來，這也是書名《真朋十句》由來。

「既然是真朋友，就送你十句話。」就是我出版本書的初衷。希望關懷身邊朋友的你，能透過這本書，將你的心底話轉告給你所關心的他 / 她。

羅乃萱
家庭發展基金總幹事

目錄

生活的進與退

進　積極生活，保持身心靈健康

退　細思慢想，領略生活真意

關係的收與放

放　投入開放，熱情付出

收　審慎持守，要愛也要智慧

生命的低與高

低　面對困境，好友的陪伴與勸慰

高　每一天，好友在身旁打氣與鼓舞

生活的進與退

積極生活，保持身心靈健康

善待自己的生活良方

- 別吃得太飽，八成就好。
- 能休息的空檔，就歇歇，別把自己扯得太盡。
- 渴望人家怎樣待我們，別要人家猜，不如坦誠相告。
- 每個星期可以的話，起碼有三天做做半小時的運動，走走也好。
- 咖啡奶茶等會上癮的飲料，最好別喝太多，能戒最好。
- 有三五知己在旁，求助時也知道可找誰。
- 人家要求我們做的事情，能做的也得看自己的時間空間，不能有求必應。
- 愛顧父母，善待他們，將來孩子也懂得如何善待我們。
- 戒掉那個老是貶抑自己的壞習慣。
- 一早起來，向主說：「謝謝祢的愛，並讓我知道如何愛人如己」。

給累壞了的好朋友

- 別再熬夜了，那會虛耗健康老本的。
- 要承認自己可能不再年輕，太刺激的運動最好少碰為妙。
- 告訴自己「破例」去放肆，只是自欺。那是人家想跟我們同流合「肥」的欺哄。
- 不能再黏着孩子了，小心有天他會插翼難飛。
- 與其跟青春期的孩子爭執，不如想想自己的青春期怎過，給他多點體諒。
- 白髮肚腩皺紋色斑等，都是免不了，要出現就出現吧。
- 中年最需要操練的，就是紀律與節制。
- 有空就多陪配偶，策劃一下大家的人生下半場。
- 隨着探病與照顧別人的日子增多，請記得疼疼自己。
- 跟上主的關係要進深了，否則怎抵擋順逆風雨？

減壓小點子

- 能睡就睡，能吃就吃，儲備身體本錢。
- 如果有十件煩惱事情，先專注一件解決。
- 試試從旁觀者的角度看事情，而非老視自己為受害者。
- 出外走走吧，接觸大自然的陽光與空氣，讓自己放鬆。
- 做適量的運動，伸展筋骨。
- 不是自己該做想做的事情，儘量拒絕。
- 留一些空檔，做些職責以外的事情，特別是心頭好。
- 每天留一段空間用來反思安靜，過濾心頭壓力。
- 找個信任的人一起分享禱告。
- 靠主，學習放手。

生活小習慣

- 每天把要做的事情記下，做完打勾。
- 專心聆聽，讓別人把話講完。
- 與人有約，要準時到達。
- 隔一陣子，就要收拾眼前的凌亂。
- 遠離手機，專心做事。
- 不要為明天憂慮太多。
- 選擇閱讀那些滋養與保護我們心靈的文字圖像。
- 開放我心，聆聽上主的聲音。
- 面對難題，禱告三思後回應。
- 知道我們是誰，也深信祂會保守。

享用 真假期

- 假期可以盡興，但別樂極忘形，讓身體勞累或受傷啊！
- 別忘了假日的其中一個重要目的，就是休息。
- 請趁機多做運動，讓繃緊的身體得以伸展。
- 忽視手機的假期，才是真假期。
- 找找久想聯絡的他或她，撥個電話出來見個面吧！
- 別吃到肥膩腸胃不適時才想到吃點清淡的，在這個大吃大喝的日子，最好隔幾餐就來一餐清茶淡飯調節一下。
- 讓我們的眼睛也放放假，多接觸大自然，看看碧海藍天，遠離電腦文件歇歇。
- 假期中，最好能撥一段安靜時間，停停想想，人生的目標與意義，我們的時間又投資在哪些事哪些人身上，檢查一下有否失衡？

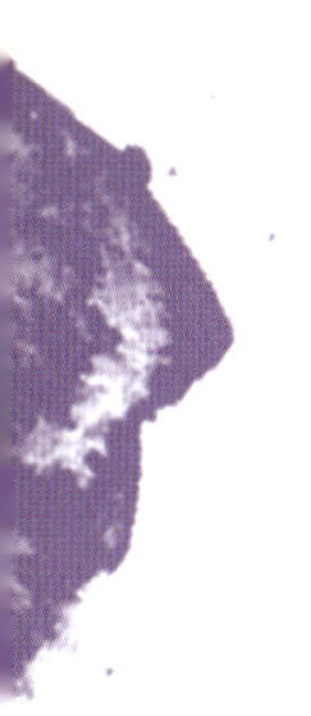

- 別忘了假期是屬於我們的，不是屬於消費廣告商的。
- 如果每年你的聖誕都在吃喝玩樂中渡過，今年有關心你的朋友邀請你去探索聖誕的意義，認識聖誕的真正主角耶穌的話，鼓勵你去吧！因為這可能是你生命轉捩的開始……

我給好朋友的 10 個生活良方

1

2

3

4

5

我給好朋友的 10 個生活良方

6

7

8

9

10

生活的進與退

細思慢想，領略生活真意

有關醒覺的反思

- 每天騰出時間反思過失與過去。
- 睡眠充足，心靈更易甦醒。
- 我們所知所了解的有限，這是「自知」。
- 同一個錯誤，千萬別重犯。
- 知道在鑽牛角尖的時候，就要停止。
- 對心頭猶疑顧慮的事，別匆匆決定。
- 對好友逆耳的忠言，要快快的聽並三思。
- 痛苦、難處都是教誨咱們的良師。
- 不要等到不幸發生，才醒覺我們毫無準備。
- 千萬別輕看主話語的督責及聖靈的提醒。

6:00
1
6
MON
2
TUE
OCT
APR
SEP
MAR
MAY
NOV

碰上灰暗時，不妨這樣想

- 不是凡事只有兩面，非黑即白，非友即敵，當中還有很大片空間。
- 不是所有人都會喜歡你，明白接受了，就不會再花心思去討好那些不會喜歡自己的人。
- 真正的成熟不是年齡，而是學懂歲月在挫敗頹唐中教曉我們的功課。
- 碰上計較的人，我們便成計較；碰上小器的人，我們會變得愛生氣；碰上惡言相向的人，我們會變得無理取鬧……這就是沾染惡習的開始。

- 心中的許多鬱結，以為是跟別人過不去。但別人都不當一回事時，我們才發覺：其實是跟自己過不去。

- 面對得寸進尺的人，別以為忍讓是一種美德，小心有天變成縱容。

- 批評像石頭，有時需要托頭反思自己是否真有過錯缺失，有時需要攬頭保護免傷及要害，有時需要退開躲避免受擊中，切忌以牙還牙以石擊石，那只會淪為與對方一般見識，倒不如拂拂衣袖不帶走一片烏雲。

- 最佳的聆聽不是對方說什麼都點頭稱是說懂，而是說到動容處，我們也會情不自禁地流淚。

- 相信人性總有天真善良的一面，所以仍可以交往連結信任，是一種幸福。

- 至今，仍深深確信，按着祂的心意，祈求的就得着，尋找的就尋見。

與無論有關的聯想

- 無論多忙碌，都需要為生活留白，給突發的事情，多點進退的空間。
- 無論多煩惱，都需要抽絲剝繭，不再三心兩意，來個了斷。
- 無論多無奈，都需要暫時放下，讓別人擔回自己的擔子。
- 無論多悲傷，都需要如常生活，讓難過的情緒，逐漸宣洩。
- 無論多生氣，都需要勒住舌頭，留有餘地，別讓怒火中燒。
- 無論多執著，都需要聽聽旁人規勸，好踏出成見的框框。
- 無論多疲累，都需要對家人和顏悅色，彼此擁抱。
- 無論多疑惑，都需要探索問道，讓所信的能扎根結果。
- 無論多困難，都需要咬緊牙關，披荊斬棘，向着標竿直奔。
- 無論多擔心，都需要保持平常心，等待主那出其不意的安排。

人生十開

- 開胃：能吃，就吃，而且要慢慢的吃，好好的享受。
- 開飯：無論多忙，也要抽空與家人一起吃飯，這是親情，也是凝聚。
- 開明：開放明白，對旁人如是，對青春期的子女更該如此。
- 開玩笑：因着別人的玩笑而笑，是常態。能開開自己的玩笑，是自我突破。

- 開創：路，為何一定要這樣走？試找找另一條航道？

- 開解：人在情緒低落時，需要別人的開解，而不是解釋。經歷過被人開解而深深被接納的，就將這份體諒帶給周圍有需要的人。

- 開懷：可以開懷大笑，就笑吧，但小心樂極忘形。

- 開竅：每個人都有某些未開的竅，自己不曉得，旁人最清楚。但放心，現實的衝擊會一個一個將我們的竅門打開。

- 開朗：懂得凡事往正面多想想，就是開朗的一個操練。
- 開門：祂常在我們的心門外叩門，願意打開心門讓祂進來的，祂就會與我們一同坐席，讓我們看見生命的豐盈。

好的執著

- 好天氣不如好心情。
- 做好本分是應分。
- 先學懂對自己好，才懂得對別人好。
- 對人好，人家一定會知道。
- 心地好的人，種下善良，總有好報。
- 好心有時會做壞事，但不懷好意一定是壞事。
- 多說造就人的好話，是為自己也為別人加添正能量。
- 說好話重要，但更重要的是好行為的配合。
- 雖然好人難做，但仍是要做。
- 最重要的是：主眼中看為「好」，便已足夠！

十個不

- 不急，事情總是做不完。找到優先次序，慢慢來。
- 不愁，煩惱多是自己想多了的緣故。即使以為自己未雨綢繆，也要讓胡思亂想止於當下。
- 不憂，擔心源於對失去的害怕。有時換個角度想想，要有失去拆毀，才有重新開始的可能。
- 不妒，即使看見別人比自己強，或不值別人作為而扶搖直上，那又如何？妒火中燒只會讓我們變得更醜惡。

- 不躁，因為每個人都有他的個性節奏，躁火一起，只會令對方不知所措，甚至火上加油。

- 不傲，雖然我們有付出努力，但深深知道，最終賜與機會及能力的，是祂。

- 不計，付出就是付出了，祂知道就好，別再計較，免得落入那惡者的網羅。

- 不差，仔細想想我們所擁有的，就知道主恩典夠用，而且豐足有餘。

- 不記，忘記背後那些重甸甸的執著，才能輕省地努力向前！
- 不恨，無論受到怎樣的傷害，也求主別讓苦毒在我們心中有任何滋生的餘地。

隨遇而安的十個忠告

- 失去一段感情，別立刻開始另一段感情，因為很容易找錯對象。
- 同一樣的錯誤，別再犯一次。第一次是不小心，再犯就是愚昧。
- 日子雖然艱難，但總會有過去的一天。
- 渴望別人明白我們，是正常的。別人不能理解我們，也是正常的。
- 回憶是讓我們感恩，不是用來比較過去與現在。
- 想哭，就哭吧！但哭過了，就要擦乾眼淚，帶眼識人與做人。
- 忙得讓我們透不過氣的，往往不是壓力，也非死線，而是時間管理出了問題。
- 失去摯愛的那個空洞，是讓我們埋頭學習哀慟，及對同樣遭遇的人產生悲憫之情。
- 勞碌經營不一定帶來豐碩收成，但起碼試過一手一腳，流過血汗，值得！

每一天起來，都跟自己說：重新開始，活出祂心意中的我！

人生難懂的功課

- 平淡是福。
- 吃虧就是便宜。
- 饒恕就是釋放。
- 懂得善待自己，才懂得善待他人。
- 禱告不蒙應允，也是一種讓我們明白神心意的應允。
- 失而復得就要更加珍惜。
- 時間很少會改變一切，但卻改變我們，讓我們面對、釋懷、放開。
- 怎樣對人好，也要有個譜。
- 痛苦一定有，但要痛苦一時還是一世，在乎我們的選擇與詮釋。
- 害怕如影隨形，只要不被嚇倒止步，緊靠上主，繼續向前，就是勇氣的開步了。

與弟兄姊妹互勉的十句話

- 我們是按着神的形象所做的，是美好的。
- 不要嫌棄自己，因為上主從來沒嫌棄我們。
- 我們的雙手，可以用來緊緊抓住，也可以用來助人一臂之力。
- 小心殘留心中過久的傷害，變成對自己的毒害。
- 我們的心胸，在計較中顯得狹隘，在大方中顯得寬宏。
- 容易受傷是我們的特質，負傷仍與別人同行卻是上主的恩賜。
- 控制得了舌頭，就能在人際關係中建立和睦。
- 凡事不要說得太盡，以為反覆就能看透，其實都是片面之窺。
- 我們要將祢的訓誨存記在心，就能體會生命的豐盛。
- 就讓我們的心，每天學習怎樣尊主為大。

領略生活真意的好點子

1

2

3

4

5

領略生活真意的好點子

6

7

8

9

10

關係的收與放

投入開放，熱情付出

對友誼的十個體會

- 跟人互動接觸，能擴闊我們的眼界，也拓展了對人生的體會。
- 一段關係的建立，總有人要踏出第一步。
- 微笑，是關係最好的潤滑劑。
- 太着意討好別人，會很累，也討好不來。
- 友誼是一場冒險，讓人嚐盡驚險刺激的樂趣，也吃盡背棄疏離的苦頭。
- 上心的關係，自然會期待、珍惜、尊重。
- 勉強而來的關係，卻是敷衍、虛假、失真。
- 帶着疑慮交友，總覺人家別有用心，難以釋出信任。
- 懷着誠信待人，總相信人性有善，早晚也會遇上真朋友。
- 始終相信，任何關係只要用心灌溉，會有開花結果的一天。

很想對你講句謝謝

- 謝謝你的出現，讓我像遇見了天使。
- 謝謝你的禮物，讓我明白什麼是供應。
- 謝謝你的電話，讓我知道在危難中神仍不離不棄。
- 謝謝你的光臨，讓我感受到你的支持。
- 謝謝你的體諒，雖然我是這樣不堪。
- 謝謝你的提點，讓我不至走歪了路。
- 謝謝你給予機會，讓我可以嘗試。
- 謝謝你的關懷，讓我感到窩心溫暖。
- 謝謝你的忍耐，讓我看到基督的愛。
- 謝謝你的禱告，讓我感覺生活有力。

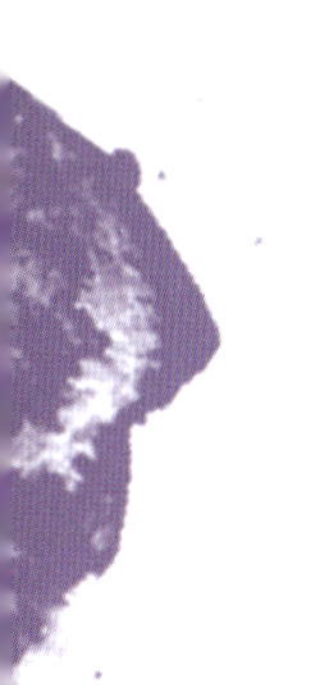

看似普通的問候

- 你有空嗎：不是存心討便宜，是一種禮貌的查問，因為有要事相談。
- 你在哪裏：不是想查探行蹤，而是想知道我們是否安好。
- 你吃什麼：不是無話可說，而是想看看我們是否懂得自我照顧，或被人好好照顧。
- 你的身體好點沒有：不是人家老記着我們的軟弱，而是問候我們曾經患病的身體。
- 你往哪裏去：不是挑戰挑釁，而是身邊人（或是我心）看到我們迷失方向，或不知所措時的提醒。
- 你有心事嗎：不是諸事八卦，是察顏辨色看見了，多此一問。
- 你需要幫忙嗎：不是別人覺得我們不濟，而是覺得既是同路，可以幫忙就幫忙。
- 你明白我的意思嗎：不是覺得我們聽不懂，而是聆聽時，人愛用自己的理解來聽，這樣問是一種澄清。

- 你真的願意嗎：不是懷疑我們的誠意，而是知道那是一個不容易的決定，要我們三思。

- 你想我怎樣為你禱告：不是小看我們應付不來，而是明白這又大又難的困境，需要旁人代禱關懷。

心底的呼求

- 可不可以，給我一個擁抱，讓我攬着你大哭一場。
- 可不可以，停止你的說話，聽聽我的憂傷。
- 可不可以，除下冷漠的面具，讓我看看真實的你。
- 可不可以，回應一下我的短訊，讓我知道你在何方？
- 可不可以，讓我離開一下，擦擦我的眼淚。
- 可不可以，代代我的位置，讓我有歇歇的空間。
- 可不可以，借你的肩膀用用，承托一下我生命中的重。
- 可不可以，牽着我的手到外面走走，因我怕再跌倒受傷。
- 可不可以，將我從跌倒之處扶起來，因我已沒力站立。
- 可不可以，讓我好好安靜禱告，尋求神的心意。

實踐同理心

- 在別人難過的時候，儘量不用自己的理解來詮釋別人的處境，因為對方需要的，可能只是一雙聆聽的耳朵。
- 當別人在訴說苦況時，我們專注與關愛的眼神，就是最好的回應。
- 同理是站在對方的位置，體會對方的心情，明白並接納對方的想法。
- 當別人把外衣脫下，看到對方赤裸與脆弱的那面，請珍而重之對待。
- 我們很容易為對方的苦情戴上一個「光環」，只是那光芒很多時候變成刺傷對方的利刃。
- 別把彼此的苦難放在天秤上秤，因為苦難不是用來秤的。
- 請有心理準備，當聽到別人在揭示內心幽暗不堪的自己，述說墮進陷阱幽谷時的不忿無助時，也會撩起咱們內心那久被埋藏的新愁舊怨。
- 聽完別人的訴說，我們不一定全都明白，但卻可以感謝對方坦誠交付，及對我們的信任。

- 穿上別人的鞋子感覺別人的難受是好，但請記得那到底是「別人的鞋子」。

- 主耶穌所經歷的苦難，也唯有道成肉身，住在我們中間的祂全然明白我們的困苦，而且因為愛，祂甘願從寶座上走下來，成為拯救罪人的救主，也是罪人的知心友。

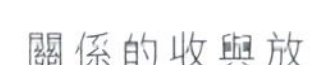

當友人正在難過時……

- 知道他在難過，就發一個短訊、電郵給他，以表慰問吧！
- 不要強裝明白對方的哀傷，但可以告訴他；我們願意聆聽。
- 如果可以多走一步，就問對方，如：我今天也會去超市，有什麼需要買的嗎……
- 對方難過，會突然變成另一個人，但別害怕接近，有一天他會從苦難中破繭而出。

- 他需要表白對世界的荒謬，對困境的無助，我們就聽吧，不用替他解釋，更不要跟他辯駁。

- 有時，拍拍肩膀的加油，眼神流露的關心，比單單對他朗讀經文更貼心。

- 送他一本心靈札記，請他寫下這陣子的心聲，也是一個幫對方抒解心結的好方法。

- 每一個人經歷的苦難及詮釋都不一樣，別將我們經歷的那套硬塞在對方身上，除非對方覺得那是共鳴。

- 如果常掛念對方，一想起的時候就為對方禱告，求主親自介入安慰。

- 突然而來的苦難最磨人，最難過的時刻，是「回復正常」的這段日子，才最需要關懷慰問。

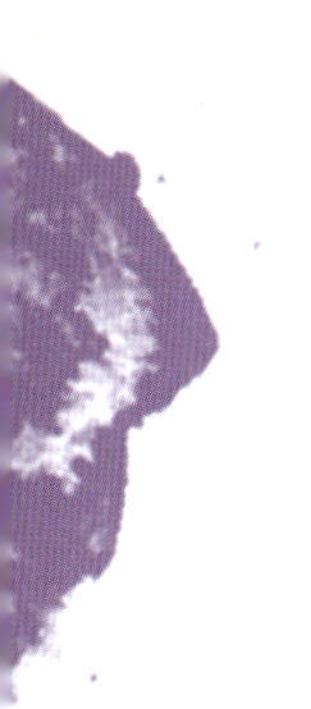

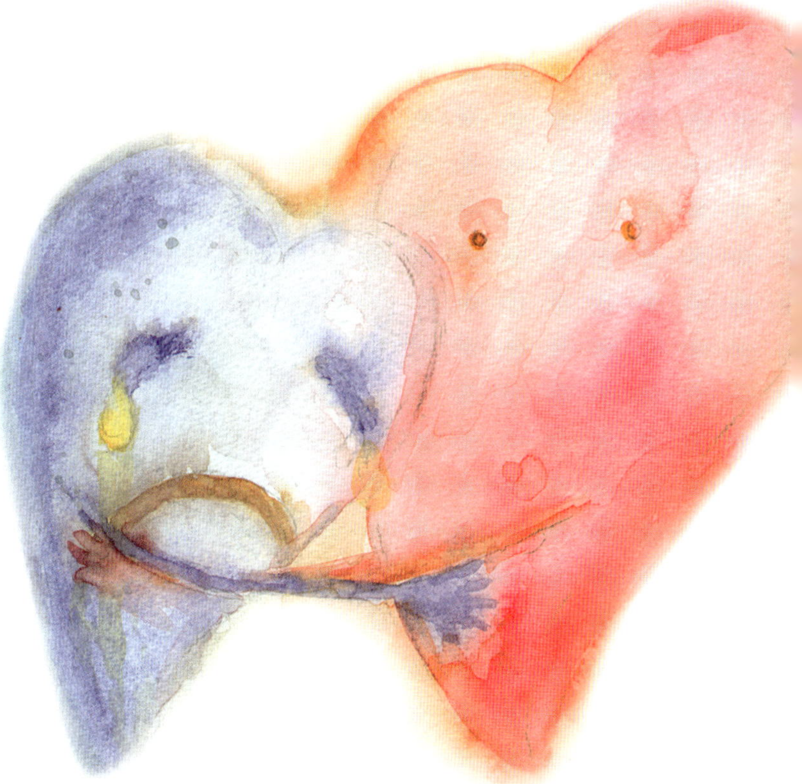

與悲傷者同行的體會

- 要哭，就讓他好哭一場。
- 無論多傷心，還是要讓他吃點東西，睡點覺。
- 他在難過的時候，會有很多質疑，甚至自責，就用心聆聽吧，因為解釋不來。
- 每個人的傷心都是獨特的，別把對方與誰誰誰相比。
- 憂傷需時，傷口的復原也是，所以別太急於要對方返回正常生活。
- 別過早移除那些觸動過去回憶的物件，因為睹物思人是哀悼的一個過程。
- 悲傷的過程充滿起伏，情緒也會時好時壞，這是常態，需要尊重接納。
- 話多反而無益，保持適當的沉默，遞上紙巾的支持，還有同哭的眼淚，都是很好的安慰劑。

- 要有心理準備，別人的哀傷，會撩動我們深埋的失落痛苦與難過……
- 握着對方的手流淚禱告，甚至無聲的歎息，主都垂聽。

面對衝突的智慧

- 知道自己的情緒易被激發，就要提高警覺。
- 如果可以，離開紛擾的現場，到外面吸吸新鮮空氣。
- 把我們的有色眼鏡脫下。
- 離開堅持己見的討論陷阱，預設立場其實是一種蒙蔽。
- 穿上對方的鞋子，聽聽對方的苦衷。
- 無論怎樣，都要沉得住氣。
- 如果嘴巴想說一些會後悔的話，試試抿嘴不語。
- 如果可以，跟對方說：「遲些再談」或「需要時間想想再回應」。
- 退一步，海闊天空。
- 求主幫助我們，快快的聽，慢慢的說，慢慢的動怒。

朋友，投入關係時，請切記

1

2

3

4

5

朋友，投入關係時，請切記

6

7

8

9

10

關係的收與放

審慎持守，要愛也要智慧

人際距離的反思

- 人與人之間，總要保持一點距離，關係才能持久。
- 在距離中，我們可以看清彼此。
- 沒有距離，很容易變成沒有界限，就容易受傷。
- 臉貼臉的關係，會讓人模糊，也教人窒息。
- 小心走得太近，一不小心踩了對方一腳。
- 所謂距離，就是有可以說跟可以不說的空間。
- 請留意，走在兩條平行線上，大家朝着不同的方向，別勉強靠近。
- 若因自己的孤獨無助，就是即使縮短距離逼近別人，往往發覺別人多是敬而遠之，因為他們也負荷不來。
- 經得起磨練的關係，是那種就算聽了多少讒言中傷，仍願意走過來跟我們擁抱。
- 每個人都有一道心理界線，就是我們所謂的人際距離。我們需要求主開我們的眼睛，讓我們看清，請別人尊重我們的界線之餘，也尊重對方的界線。

面對關係時的傻思亂想

- 明知這是陷阱，卻一腳踩下去。
- 明知看了讀了會影響心情，還是忍不住去留意。
- 明知該放手卻緊緊抓住。
- 每天在計算誰是誰非。
- 以為自己是無可取替。
- 以為自己的看法準確。
- 人家說什麼就信什麼，不去查證。
- 讓壞習慣拖住了成長的腳步。
- 因為別人的一句話，就放棄了自己的堅持。
- 聽到上主的慈聲呼喚，卻不回應。

牛角尖

- 怎說怎做都會有人不欣賞：那又如何，我們實在無法討好全世界！
- 別人應該這樣待我：每個人都有權選擇「對待」別人的方式，他怎樣對待我們，有他們的自由。
- 一切都是我的錯：把責任往自己身上扛，我們承擔不起，也縱容了別人的不負責任。
- 都是別人把我累成這樣子的：別人有責任，我們也有。
- 如果是好朋友就該這樣：好朋友不該是一味說我們好，可以隨傳隨到，還有冷眼旁觀好言相諫，甚至不按我們期望對話的。
- 這世上沒有人能明白我：不說，不談，又怎能讓人明白？
- 總是碰上倒楣的事情：不要被小小的錯漏讓我們墮入悲觀的思維，忘了帶八達通，就用現金吧，凡事總有辦法的。
- 你要怎樣，我偏不要：這是鬥氣，只會愈鬥愈讓自己生氣，自討苦吃。

- 做什麼都沒用：問問人看，真的什麼辦法也沒有，還是該停停，讓事情縕釀一下，也是一種過濾。
- 除了禱告，還有什麼可以做：也許該反過來，先禱告求問，就得着智慧。

應對負面思想

- 面對任何重要抉擇時，正負兩面的思維都是需要的，這是考慮周詳。

- 特別在面對未知的將來，有時更需要有最壞的打算，才能做最好的準備。

- 若將負面思想成為習慣，成為對自己對別人的衡量，就是問題。怎曉得？就是凡事都往壞處看，以致裹足不前，以致對任何人的回應（或不回應）都心生疑慮，覺得他人不懷好意，或看扁自己，甚至最後自我質疑，覺得沒人可信，也寸步難移。

- 要對付「負面思想」的習慣，得連根拔起。那條「根」通常離不開自我的價值形象，受害者情意結，家人對我們的傷害等等。

- 負面思想潛伏在我們內心幽暗處，待我們在最難過無助的那刻，就會出其不意攻擊，要我們否定懷疑控訴不忿……要留意！

- 這個時候，要想想：我為何這樣敏感瞧不起自己？為何把真正關心我們的人冷冰冰的拒諸門外？為何離開一個羣體又一個羣體？為何讓這些沒有證據的想法佔據我們的心？為何我們看事情好像愈來愈不清楚？為何我們只看到迷霧，看不見亮光……

- 那一刻，才發覺我們的焦點錯了。把放大鏡放在自己身上時，會將自己的痛苦放大，把放大鏡放在別人身上時，會把別人的一句失言或過失變成難以彌補的大過。

- 那一刻，才發覺要不得的「負面思想」習慣，已把我們侵蝕至失去良善，遠離包容，沒有一個容得下自己或是別人的空間。

- 主啊，我們真是苦啊！我們要擺脫這些惡習，因為這不屬於祢，更不是祢所喜悅的，求祢更新改變。

- 倘若我們真的這樣禱告，又這樣相信的話，就每天一早起來，堅定地跟主說：主啊，這是新的一天，我們需要祢更新的恩典！

這時要退

- 教導孩子，明白自己的優劣長短，懂得退讓。
- 許多事情，退後一點看，會更清楚。
- 許多東西，退還給別人，會發現更多空間。
- 許多場合，寧願退席，可避免尷尬。
- 許多衝突，退後一步，可防被人踐踏。
- 許多時候，退位與賢，就是薪火相傳。
- 人生起跌，如潮汐漲退，是常態。
- 人到中年，要未雨綢繆，安排退休。
- 做人不能又進又退，至終會進退失據。
- 至退無可退，就要站立得穩，持守所信，別墮落陷阱懸崖。

給自己放手的理由

- 抓着拳頭的手太累了，需要歇歇！
- 想想，自己執著的真的是很重要嗎？非這樣不可嗎？
- 沒有一個人的想法是最全面的，聽聽別人的有何不可？
- 小心，執著帶來的可是傷身又傷心的憤怒！
- 照照鏡子，看到執著的嘴臉可是繃緊難看呢！
- 常聽，退一步海闊天空，為何不試試？
- 試試把緊抓的手鬆開，那種釋放的感覺，真不錯呢！
- 放手是一種放過自己的操練。
- 經歷過的人都明白，有些時候，放手就是得着（學懂不計算，學會包容……）。
- 放手，讓祂作主。最難，也是讓我們最輕省的動作。

好意，是這樣的

- 我們的一番好意，很多時候只是一廂情願。
- 更多時候，非得別人接受不可的好意，是一種壓力。
- 有些時候，我們的好意會被利用，縱容別人躲懶、不負責任、不思進取、坐享其成。
- 有些時候，太多好意的幫忙，會讓接受的人煩亂與不知所措，愈幫愈忙。
- 請三思，好意的「好」，是最終讓別人得着好處，變得成熟負責，才是真正的「好」。
- 好意被誤會，甚至扭曲也是常有的事。一方面可能對方礙於自尊拒絕接受，又或者他們已有打算只能心領，也有將一杯涼水看為假慈悲的舉動，那就暫時停手吧！
- 愈來愈覺得，好意化成行動而不是衝動，需要等待適當時機，需要同理明白，否則容易淪為施捨憐憫。
- 有些時候，好意可以是暗暗的幫忙，主知道，就行。

- 真正的好意是從心發出的，不是一種拉攏控制的伎倆。
- 主啊，我們得承認，會過度大發熱心要幫忙這個照顧那個，但有一樣不可忘掉的，就是為對方懇切禱告，求祢介入照顧醫治安撫。

- 人家愛怎說就怎說，我們不一定要聽，也不要讓這些說話成為我們的煩惱。

- 人家怎看是別人的眼光判斷，我們若把對方的看法不加思考照單全收，就是我們的問題了。

- 人家怎樣決定是人家的事，真的跟我們無關。

- 人家有人家的欣賞喜好，我們眼中的樑木可能只是對方眼中的刺，那也是另一種開闊我們視野的眼光啊！

- 人家有人家的反應，許多時候跟我們不一樣，那不代表對方不明白支持，只因這是在他們的經驗以外，不懂同理聆聽而已。

- 人家有人家的朋友，不能說跟我們做了朋友，就不能跟別人相熟，即使那「別人」是我們不喜歡的那位。

- 人家不理睬我們，不一定是我們說錯話做錯事，可能是他心情不好。如果交情夠深，就知道這些冷漠時刻總會過去，關係的線又可連結。

- 人家說的話是否算數，我們心中有數，其他人也早晚知道，不用多提。

- 人家不告訴我們，也是人家的自由，讓我們明白就算多坦蕩蕩的交心，也總有些底線。

- 時光匆匆，人來人往，如果人家離開了，就揮揮手跟對方告別，為對方默禱。說不定在人生列車的下一站，彼此又再遇上。

學會拒絕

- 人家可以這樣要求，我們不一定要按他的要求回應。
- 凡事要量力而為，不當好人沒關係。
- 如果是我們不需要的東西，我們有自由說「不」。
- 別人問的問題若牽涉自己或別人的私隱，可以「不回答」。
- 毫無保留的信任，別人承載不了，自己也未必應付得來。
- 為自己定界線，是保護自己及不縱容他人得寸進尺的踐踏。
- 如果心底不想，就不要勉強，否則會變成假裝。
- 即使那是對方的好意，但也可以禮貌婉拒（朋友會明白的）。
- 當我們懂得拒絕別人，也要容得下別人的拒絕。
- 每天留一段時間給自己給上帝，是一種平衡。

讓自己冷靜抽離

- 凡事都有定期，如今就是了。
- 離開一下子，等過了氣，腦筋清醒了，再籌謀。
- 千萬別因被挑釁而回應，很容易錯下決定。
- 真心不怕閒言之火。
- 試試穿上對方的鞋子，審視對方所作的，就會多一分體諒。
- 生氣是可以的，氣餒也是難免，但請不要墮入絕望的圈套。
- 看見別人的幸福，會讓心抽搐，那就換個角度，看看山水大自然的變幻及其中創造的秩序。
- 心靈交戰中，總有種按捺不住的衝動，正因這樣，我們更要三思，別被慾望牽着鼻子走。
- 不屬於我們的，就要離開，這是人生常態。
- 我們承認，並且體會：祢才是我們生命的真正主宰。

不妨寬容

- 當我們往往以為錯在別人的當下，請先量度一下自己的胸襟再說。
- 真的感到苦毒攻心，找個體諒的朋友談談，請他為我們禱告解「毒」。
- 任憑對方怎樣就怎樣，這種沒底線與原則的容忍，是縱容。
- 明知對方有錯，指出之餘，也讓對方有改過的機會與空間。
- 表面說「無所謂」，內心卻「耿耿於懷」，表裏不一的掩飾只會令人難受。
- 憤怒不忿、討價還價、哀傷痛苦等，都是走至寬容標竿之前的「路牌」。
- 別以為我們掌握了事實的全相，應給多一點空間去學習寬容。
- 許多時候，原來我們最寬恕不了的，是那個屢犯屢錯的自己。
- 我們都是有血有肉的、有時是魔鬼有時是天使的平凡人。我們是，那個得罪我們的他也是。

為自己的不能寬容禱告，也求主讓我們明白，即使對方有意或無意傷害，那也是因為他也在苦坑中，難以自拔的反應。

智慧的愛是這樣

1

2

3

4

5

智慧的愛是這樣

6

7

8

9

10

生命的低與高

面對困境，好友的陪伴與勸慰

面對沮喪的勸導

- 別老是抬頭看着烏雲，要留意前行的路牌。
- 記着，一無所有只是一種狀態，會改變的。
- 停下來，聽聽愛聽的音樂，喝杯愛喝的咖啡吧！
- 真的喘不過氣，換一個場景，如到自己素常愛的街道走走，透透氣吧！
- 安慰自己：拆毀接下來的，就是重建。舊事會過，新事將要成就。
- 那些毫無根據讓我們感覺以為天塌下來的恐嚇（如「完蛋了」、「沒了」的話），求主幫我們刪掉。
- 過去既無法修正，就當是一個教訓，告訴自己不要重犯。
- 說真的，困擾我們的，並非單純是眼前這些人與事，而是反映過往待人處事的信念想法。正是時候拿出來檢視一下了。

- 有時間的話，坐下來想想，接着的日子，有什麼是非做不可的，是我們最關心的……寫下來，可能會發覺讓人沮喪的，只是不足掛齒的小事。

- 內心常禱告：求主保守我們的心，因為祢顧念，也知道我們的困苦哀傷善變……阿門！

解開內心鬱結

- 昨天已經過去，今天又是新的一天。
- 不要勉強自己，更不要勉強別人。
- 照顧好自己，才有本錢面對每天的衝擊。
- 最愚蠢的事情，就是明知會受傷還要去碰。
- 找到出口，就要勇敢往前走。
- 任何決定總會有得也有失，不能討所有人的喜悅。
- 在窮途時的無助無力，正是向上主呼求的最佳時機。
- 繼續以真誠相待，上主總會讓我們遇上生命的貴人。
- 一天的難處一天去當。
- 祂的恩典夠用。

EXIT

艱難中為自己打氣

- 歲月如流水，總會過去。
- 何必讓一句話一個人一種疼痛……佔據生命，值得嗎？
- 認識我的人，知道我是誰；不認識的，隨他吧！
- 咬緊牙關撐着！不要放棄！
- 心靜，就會安然！
- 可以哭訴，可以發脾氣，但要適可而止！別讓情緒成為我們的主宰！
- 事情總會過去與解決，只是不如期望的美善，這就是人生。
- 真的不能忘記的話，就把那段回憶的美好片段存留着，其他的，就讓它隨年月消逝吧！
- 真的憋不住，就要找個有智慧的朋友吐吐苦水，我們懂的！
- 一切說不出的苦，祂都知道也察看，如此我們信，如是我們繼續祈求。

請 抬起頭

- 低着頭，看到的只是自己墮入的低谷。
- 抬起頭，看到的是創造主的海闊天空。
- 抬頭的動作就是轉轉脖子，換個角度看人事物。
- 人家覺得我們沒本事，檢討一下若非屬實，就抬起頭向前走！
- 那些壓低別人好讓自己抬起頭的人，內心總是酸溜溜的。別跟！
- 這世界總有喜歡與不喜歡我們的人，太介懷就是自找苦吃。
- 低頭靜思己過不是不好，但也要抬頭才能堂堂正正做人。
- 抬頭吧，跟迎接我們的天使打個招呼。
- 低頭是禱告交託，抬頭是仰望行動。
- 當我們抬起頭時，記得去關懷身邊那些仍低着頭的人。

難以抉擇時……

- 等一等，太急回應是衝動，延遲才是明智。
- 看一看，事情的決定對周圍造成的影響。
- 想一想，還有哪些沒考慮看清的角度。
- 聽一聽，智者的忠告，或過來人的勸戒。
- 退一退，找個安靜地方，好好整理凌亂的思緒。
- 濾一濾，哪些是出於懼怕的聯想，哪些是未雨綢繆的思量。
- 吸一吸，真的受不住，離開一陣，吸一下新鮮空氣。
- 哭一哭，找個信任的肩膀，把按捺不住的難捨化成眼淚。
- 笑一笑，想到抉擇後的遠景，就喜樂了。
- 俯伏祈求，一切動作的基本，求主顯明祂一步步的心意與帶領。

面對煩惱

- 一天的煩惱一天當。
- 找一個空間，寫下遇到的煩惱，並將之視為可逐一解決的事情。
- 別把自己的煩惱跟人家的糾纏一起，只會讓我們愁上加憂。
- 煩惱像一團捆住的繩，需要一點耐性揪出最原始的糾結。
- 煩惱本是小事，但胡思亂想就會變成大事。
- 時間緊迫的時候，煩惱會讓我們心亂如麻。
- 別人的煩惱，不一定最適合我們去擔當。
- 能接受小錯小漏的人，對煩惱的承受力也較高。
- 回頭看，會發覺煩惱的威力會隨年日消減呢！
- 把每天的煩惱交給那位從來不會嫌棄我們的主，並等待祂出人意表的安排。

訴苦時切記

- 苦，不是不能訴，但要找合適的對象。
- 不是任何一個走進我們生命的人，都是訴苦的對象。特別是那些不明底蘊，不懂我們的，少說為妙。
- 千萬別因一時意氣，找那些不相為謀，不相往來的人訴苦。極可能到最後發現，咱們是自掘墳墓。
- 我們有我們的苦，別人有別人的怨。有時說了出來，像兩條平衡線，找不着交匯點，就停停想想，讓彼此多點了解的空間。

- 苦，每個人的定義不同。我們覺得的苦，別人可能覺得「沒事」。即使如此，也不代表對方不關心我們。

- 找着那些一聽就明白，甚至告訴我們「這苦我也受過的」，那種「終於有人明白我」的感動，會讓兩個人連結，但千萬別讓連結停於分擔苦楚這點上。

- 不一定每一件事情的發生，就要找人訴苦。有時，讓事情攤放一下，讓感覺過濾一下，未嘗不是好事。

- 訴苦是將自己最脆弱的一面敞開，所以要慎選對象，剖心置腹的話變成流言蜚語，自己也會遍體麟傷。

- 有些人承載別人憂傷的承受力不大，我們要細察，否則對方承載不了反倒下來，那就糟糕了。

- 練習一下最想找人訴苦的那刻，按住這個衝動，把自己最脆弱不堪的一面呈現在主面前，祂的體貼聆聽介入，就是畢生要存念的恩典印記。

送給好友的打氣 10 句

1

2

3

4

5

送給好友的打氣 10 句

6

7

8

9

10

生命的低與高

每一天，好友在身旁打氣與鼓舞

面對關鍵時刻

- 一覺醒來，舊事都會過去，今天又有新的恩典。
- 其實，那些我們很在意的話，別人早就忘了，更忘了他們自己說過。
- 請記住那些曾經善待自己的人，並感謝別人的好意。
- 沒有人一生風平浪靜的，要點是，我們能否在波濤洶湧之際，找到心安之錨。
- 難過的時候，內心有兩股力量在爭鬥，一股要我們向上仰望，一股把我們往下拉扯。請記得緊握向上的扶手。
- 與其眼紅別人的成就，不如努力為主奮鬥。
- 別老想他人明白自己，除非我們說個明白。
- 別老怪自己記性不好，也許是上主刻意讓我們忘掉，免得我們煩憂。
- 付出的愛就是付出了，別再計算，否則就讓關係變得庸俗。
- 人生，能做到該進時進，該退時退，該站時站，該忍時忍，就是邁向成熟的境界。而我們的天真犯錯，往往就是在這些進退站隱之間，搞錯了次序。

Be
Still

等待時的建議

- 拿一本有關等待、感恩的書讀讀。
- 倒數計時對短期的等待是一種「快將了結」的提醒，但對漫無止境的等待，卻是一種煎熬。
- 感覺真的很想做些事情，以為可以縮短等待的日子，請三思！看看這是否必須，是多此一舉，還是弄巧反拙。
- 請記住，真正事情發展的時間表，其實不在我們手中。
- 等得不耐煩，是常有。會抱怨，也是人性。只是別讓這些情緒成為我們生活的主調。
- 等待所期望的最後發生，當然是美事。但若不按我們本子，那又如何？最壞的打算，其實是最好的準備。
- 倘若可能，找找過來人聊聊，問問人家是怎樣走過來的。
- 帶着盼望的等待，是源自內心的一份信念：神的路最美善。
- 伴着懇切禱告的等待，會覺得時間過得比想像中快。
- 等待中我們這樣禱告：主啊！願祢的心意成就，然而不要照我們的意思，乃是照祢的意思。

如果你面對選擇

- 每個人都有選擇的權利，你有，我也有。
- 如果選擇走向東，就往東走吧，別走幾步又回頭看看西啊！
- 我們總覺得自己的選擇好，就游說別人跟從。但請記着，別人也有選擇的權利。
- 為人父母，最愛的動作就是為孩子做選擇，但做多了，小心孩子變了依賴，而不懂得做精明的抉擇。

- 太多的選擇，反而讓人眼花繚亂，不知所措。

- 選擇有時會選錯，但重要的大事如選擇配偶、人生方向目標等務必謹慎英明，不能心急造次，至於每天小事如吃什麼喝什麼，就隨便吧！

- 我們未必喜歡別人的選擇，但那始終是人家的事，我們要尊重。

- 同樣，人家也有權不選擇我，也許是我們未夠班，也許是對方走寶，也許是上主放我們一馬……就讓我們放開懷抱，選擇接受。

- 別以為當機立斷就是最好的選擇，有時只是迫在眉睫的反應。反而禱告三思，給自己一點等待的時間，別被人牽着鼻子走啊！

- 有些選擇是明知要做卻不敢做，不願做的，需要求主剛強或軟化我們的心，做了，就看見盼望在前方。

談夢想

- 每個人都可以擁有夢想，跟年齡無關。
- 追尋夢想最需要的，不是空談，而是實踐。
- 夢想的標竿可以很遙遠，但每天踏出一小步，就可以愈走愈近。
- 你有你的夢想，我有我的，誰也不能看扁誰。
- 夢想背後，有着一股持久的熱情，若失落的話，就要想辦法重燃。
- 通往夢想的路，可以很多，主要是找到適合自己的路。
- 找到跟自己夢想相近的人同行，是一種福氣。
- 懂得為別人的夢想成真拍掌歡呼，是更大的福氣。
- 偉大夢想當前，讓人謙卑，也讓人自大。
- 求主讓我們懂得分辨夢想與野心，專注與執著⋯⋯朝着祂的召喚直奔。

要與不要……

- 不要再被忙碌吞噬了休息的時間。
- 不要再被死線牽着鼻子走。
- 不要再被纏累的感情磨滅着意志。
- 不要再被手機打斷生活的作息。
- 不要再被感覺拖進漆黑的幽谷。
- 要立志建立良好的生活習慣。
- 要從容面對突然而來的改變。
- 要心平氣和看待不能接受的人與事。
- 要每天獨處旁觀自省。
- 要緊靠上主帶着喜樂過每一天。

十個重新開始的理由

- 因為仍有明天，眼前仍有機會。
- 舊事會過，新事會來。
- 很多憂慮的事情，大半不會發生，所以不用被過去的失敗纏累。
- 即使因為不甘或死心不息，也求主將之轉化。
- 有手有腳有心有夢，就有新的可能。
- 與其賴着不動浪費光陰，不如訂好目標努力向前。
- 記着，那麼不堪的過去都熬過來了，就帶着這種歷練向前走吧！
- 懂得腳踏實地，就是一個開始。
- 瞧瞧，身邊還是有同行鼓勵的人啊！
- 因為祂仍在引領，仍在內心呼召，我們仍說：「我在這裏，請差遣我。」

在困擾中的你，請——

1

2

3

4

5

在困擾中的你，請——

6

7

8

9

10

羅乃萱作品

《活在地上》

《從心相信愛》

《等待，是一場操練》

《愛是一種勇氣》

突破書籍

這本《真朋十句》的稿子，取自我在臉書上的「十訣」。發覺貼文後，不少人對號入座，或將之對號送給好友。

當中的文章，有時正好成為一道橋，將朋友之間那微妙的，想說不敢說的話，寫了出來，這也是書名《真朋十句》由來。

「既然是真朋友，就送你十句話。」就是我出版本書的初衷。希望關懷身邊朋友的你，能透過這本書，將你的心底話轉告給你所關心的他/她。

羅乃萱

心理．勵志
ISBN 978-988-8392-31-5
9 789888 392315
380
HK$88